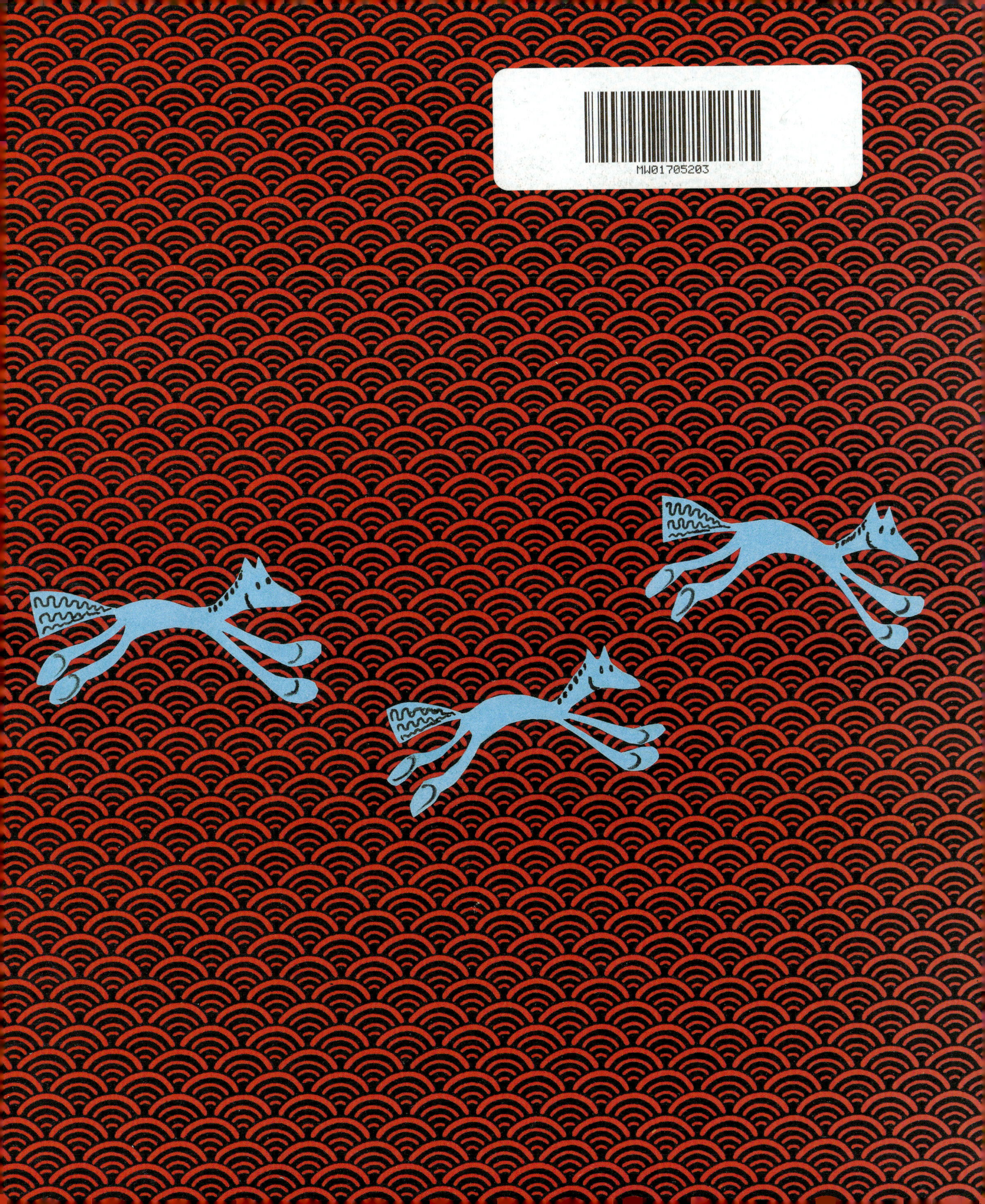

Meneer Kandinsky was een schilder is een titel in de serie kunstprentenboeken van Leopold in samenwerking met het

GEMEENTE MUSEUM DEN HAAG

Gemeentemuseum Den Haag
Stadhouderslaan 41, Den Haag
www.gemeentemuseum.nl

Lees ook:
Keepvogel en Kijkvogel – In het spoor van Mondriaan – Bekroond met een Zilveren Griffel 2012
Ensor – De grote maskerade
Nacht in het poppenhuis
Calder – De draad van Alexander
Delfts blauw – Een vaas voor de prinses
Een zondag met Caillebotte
Edith & Egon Schiele
Coco of het kleine zwarte jurkje – Bekroond met een Zilveren Penseel 2014
Puzemuze of op weg naar Rothko

Spannende boeken voor 9 jaar en ouder:
Mister Orange – Bekroond met een Zilveren Griffel 2012
De jongen die in de muur verdween

Bekroond met een Zilveren Griffel 2011

Zevende druk 2014

Uitgeverij Leopold bv, Amsterdam | www.leopold.nl

Vormgeving Nanja Toebak
NUR 273 / ISBN 978 90 258 5624 3

MIX
Papier van verantwoorde herkomst
FSC® C041184

Uitgeverij Leopold drukt haar boeken op papier met het FSC®-keurmerk.
Zo helpen we waardevolle oerbossen te behouden.

DAAN REMMERTS DE VRIES

MENEER KANDINSKY WAS EEN SCHILDER

LEOPOLD | GEMEENTEMUSEUM DEN HAAG

Meneer Kandinsky was een schilder. Op een dag ontsnapte er uit een schilderij waar hij mee bezig was een huppelend blauw paardje.

Alleen hijzelf kon het zien. Het huppelde overal met hem mee.

Soms was het lastig, dat gekke beest in z'n buurt.
Bij de bakker zei meneer Kandinsky: 'Doet u mij een volkoren rood… Ik bedoel euh… een halfje wit…'

In de schoenenwinkel zei meneer Kandinsky: ‘Ik kom nieuwe groenen kopen…’

En tegen een barones die vroeg wat hij van een concert vond, zei meneer Kandinsky: ‘Ik vond het gele mooie muziek.’

Al die versprekingen, die kwamen door dat blauwe paardje. Want het fluisterde hem voortdurend dingen in zijn oor.
'Kijk goed om je heen,' fluisterde het soms. 'Alles, alles heeft zijn eigen, heel speciale kleur.'

Meneer Kandinsky had tot nog toe keurig geschilderd zoals hij dacht dat het *hoorde*. Maar nu zei het paardje: 'Je mag zo'n huis ook best eens rood maken! Of paars, of scheef, of kleiner of groter... Je mag best laten zien wat je bij zo'n huis *voelt*!'

En dus begon meneer Kandinsky nieuwe landschappen te maken. Landschappen met rood en paars, met scherpe, scheve bochten, met weglopende strepen en grappige kleine vlekken - landschappen die lieten zien wat híj erbij voelde.

Van de mensen om hem heen trok hij zich even niks meer aan. Hij had zijn paardje dat tegen hem praatte, en dat paardje werd groter en groter.

En meneer Kandinsky zag het duidelijk: de bomen, de velden, de huizen – alles was kleuriger en vreemder dan hem ooit was opgevallen. Zó kon je de dingen dus ook bekijken!

Maar hij mocht zich dan niet storen aan de mensen, sommige mensen stoorden zich wél aan hem. Meneer Kandinsky kwam ze op een middag tegen, en hij schrok ervan hoe kwaad ze op hem leken te zijn...

Daarom schilderde hij de volgende dag zichzelf, op zijn paard, vluchtend voor al die griezelige, strenge figuren die zijn schilderijen zo lelijk vonden.

Nauwelijks was dit nieuwe doek af, of het paard was verdwenen! Meneer Kandinsky zocht overal, maar zijn blauwe vriend was spoorloos – nergens meer te vinden.

Maar keurig netjes, zoals vroeger, kon meneer Kandinsky niet meer zijn.
Hij had zó z'n best gedaan om iedereen te tonen hoe bijzonder de wereld was...

Wat moest hij nu nog schilderen...?
Somber zat hij te staren naar een leeg stuk linnen.

Buiten kwam een stoomtrein langs, toeterend en rommelend. En dit is wat meneer Kandinsky plotseling voor zich zag.

Hij ging onmiddellijk aan de slag; hij wist het weer! Allerlei geluiden vielen hem nu op, en al die geluiden hadden een vorm en een kleur – die kon je óók laten zien!

Dit, bijvoorbeeld, was zo'n geluid. Hoe zou dit hebben geklonken?

Of dit?

Meneer Kandinsky schilderde alleen nog wat hij hoorde, buiten zichzelf én binnen in zichzelf. Dát wilde hij de mensen nu duidelijk maken!
Maar intussen was hij erg alleen, dat wel...

Toen, op een ochtend, werkte hij aan een reusachtig doek met z'n allerprachtigste geluiden; en daarin, in de verte, leek iets te *galopperen*...

‘Ach!’ riep meneer Kandinsky verbaasd. ‘Was je dáár! Natuurlijk, ik had ’t kunnen weten...’

Hij nam een aanloop en...

Meneer Kandinsky is tegenwoordig heel gelukkig. Hij is nu op een plek waar niemand hem raar vindt, integendeel; eindelijk kan hij praten over groenen, roden, paarsen en blauwen; én over hoe je de wereld buiten vanbinnen kunt zien.

Kun jij hem vinden?

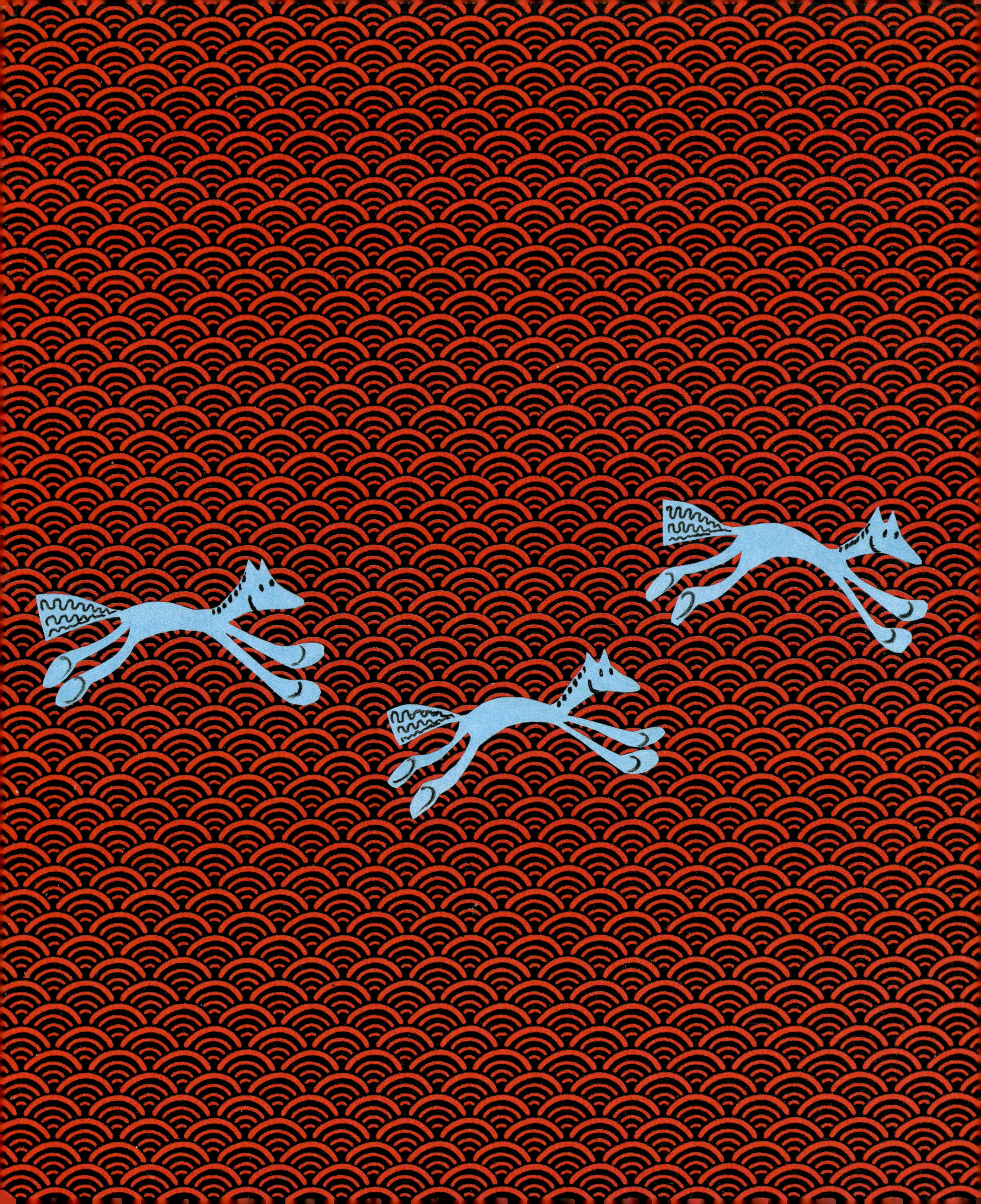